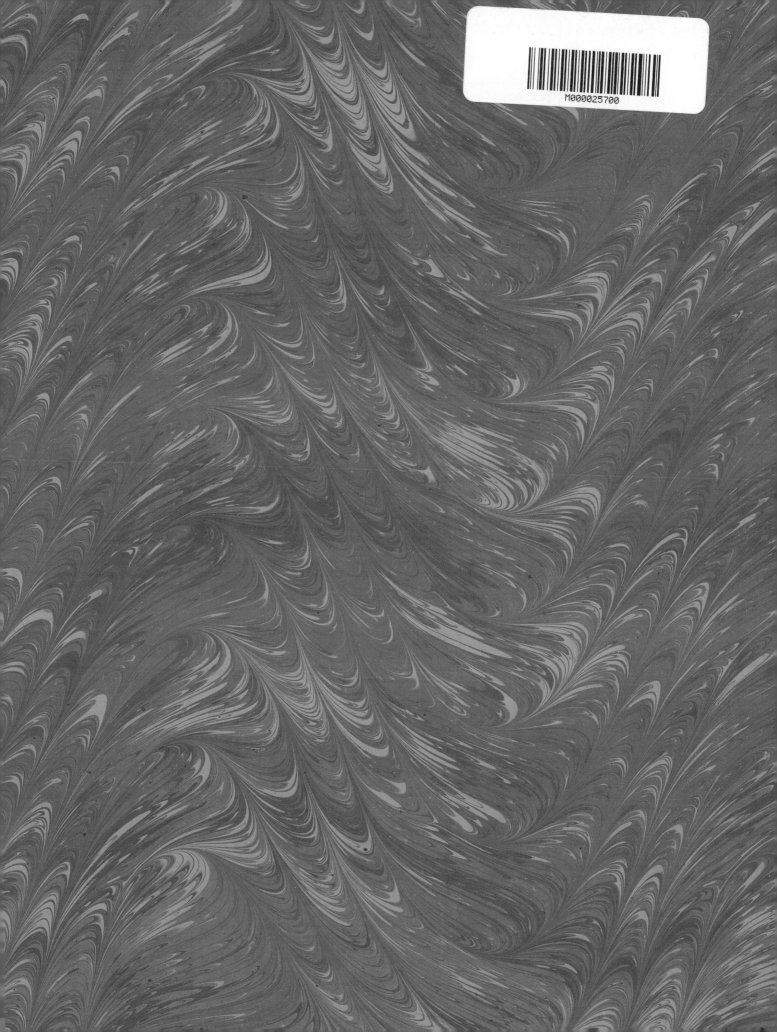

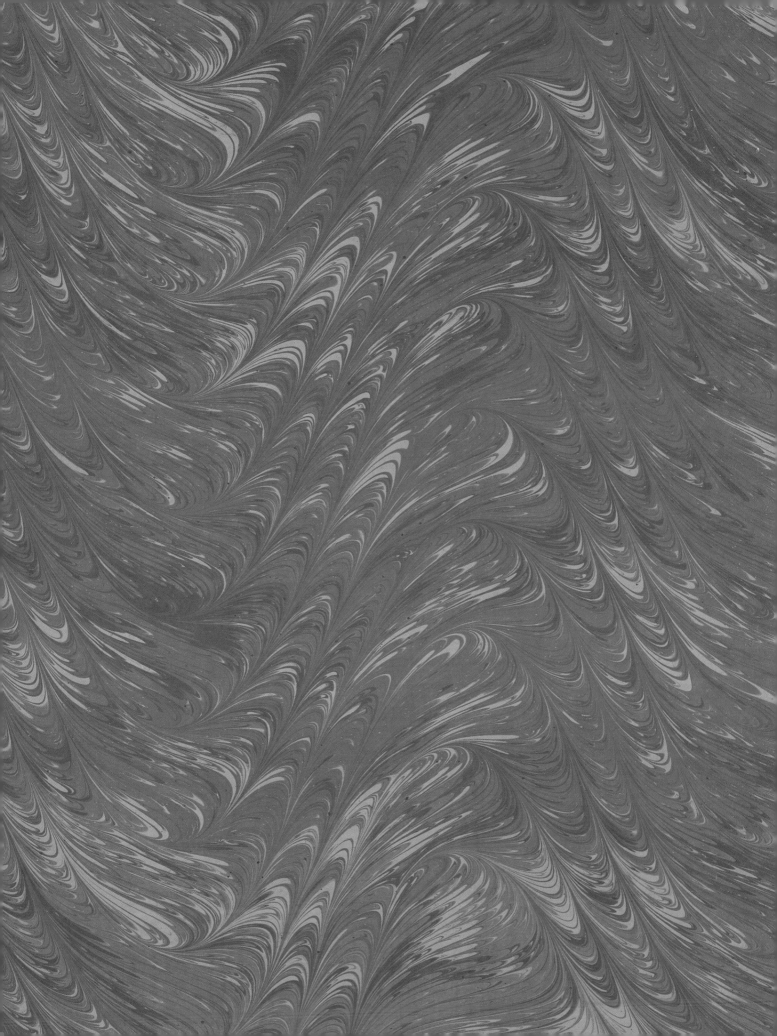

HARCOURT

· TROFEOS ·

UN PROGRAMA DE LECTURA Y ARTES DEL LENGUAJE

ALCANZA UN SUEÑO

AUTORAS

Alma Flor Ada ◆ F. Isabel Campoy

Harcourt

Orlando   Boston   Dallas   Chicago   San Diego

Visita *The Learning Site*

www.harcourtschool.com

Requests for permission to make copies of any part of the work should be addressed to School Permissions and Copyrights, Harcourt, Inc., 6277 Sea Harbor Drive, Orlando, Florida 32887-6777. Fax: 407-345-2418.

HARCOURT and the Harcourt Logo are trademarks of Harcourt, Inc., registered in the United States of America and/or other jurisdictions.

Acknowledgments appear in the back of this book.

Printed in the United States of America

ISBN 0-15-322656-0

4 5 6 7 8 9 10 048 10 09 08 07 06 05 04

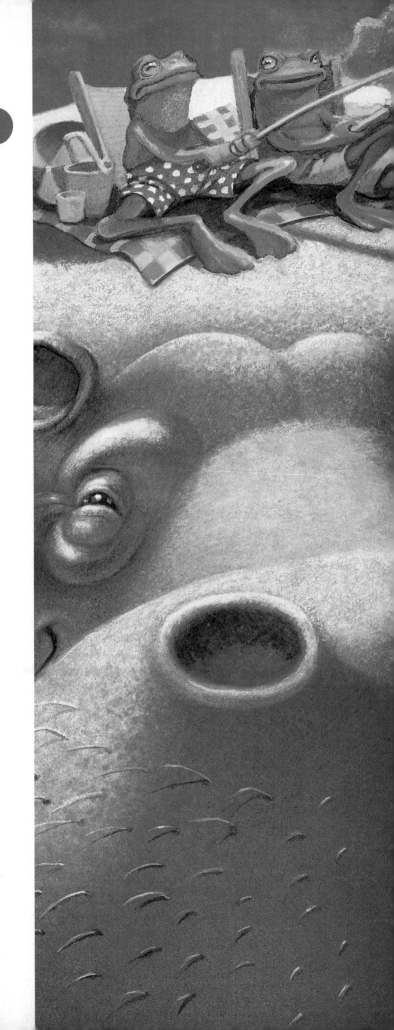

HARCOURT

TROFEOS

UN PROGRAMA DE LECTURA Y ARTES DEL LENGUAJE

ALCANZA UN SUEÑO

Querido lector:

Este libro tiene cuentos sobre animales reales que crecen y cambian. También tiene cuentos sobre animales imaginarios, algunos son graciosos y otros son ¡súper! Además tiene cuentos sobre niños como tú quienes quieren a sus mascotas y aprenden a hacer siempre lo mejor. Así que pasa la página y . . . **¡Alcanza un sueño!**

Sinceramente,

Las autoras

Las autoras

Ahora me toca a mí

CONTENIDO

Relacionar textos

Superlibros

Parecía leche vertida

Charles G. Shaw

¿Adónde va el oso pardo?
NICKI WEISS

Libros decodificables 7-12

LIBRO DECODIFICABLE 7

Ahora me toca a mí

El poder de las palabras

Palabras para recordar

llama

día

bien

¡Es un gran **día**!
Mi mascota come **bien**.
Se **llama** Curra.

Género

Ficción realista

Un cuento de ficción realista es un relato que podría ocurrir.

Busca

- cosas que puedan ocurrir en la vida real.

- personas como personajes.

por Alma Flor Ada

ilustrado por Brian Karas

La mascota de Rafa

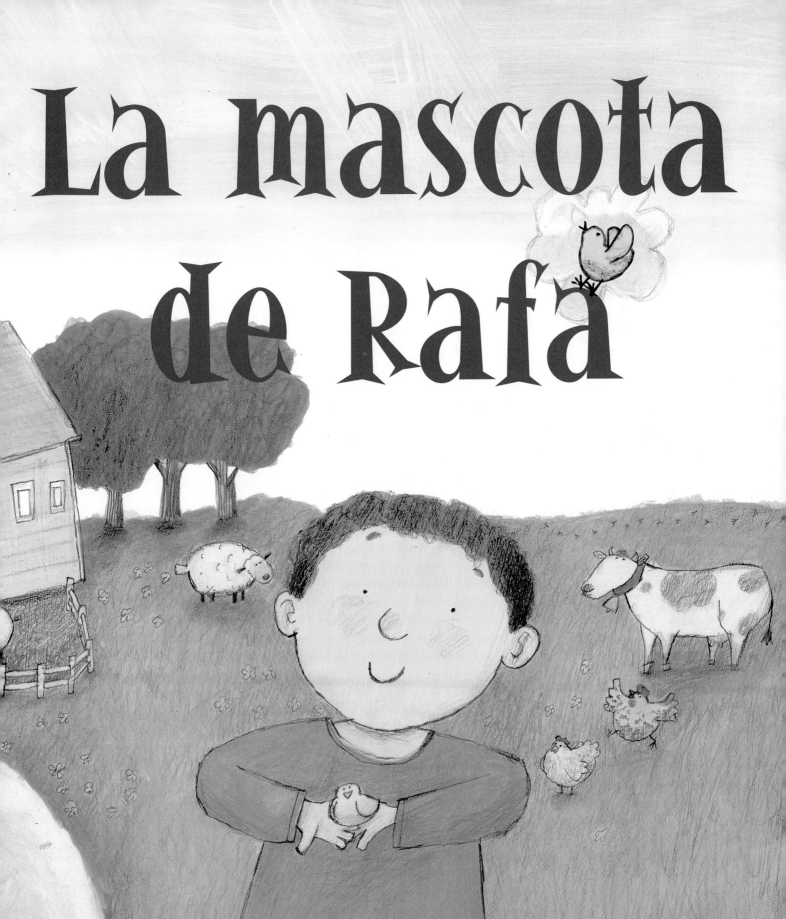

Rafa tomó al pollito en las manos.

¡Era como una bolita de algodón!

—Abuelita, será mi mascota.

—Te la regalo. Se llama Curra.

Rafa ayuda a su abuelita.

Rafa se ocupa del corral.

¡Come, Curra! Mira qué rico.

¡Cómo se puso Curra! ¡Está colosal!

Un día, Rafa buscó a Curra.
¡Qué raro! Curra no estaba.
¡Curra! ¡Curra!

¡Rafa, aquí está Curra!
Mira aquí arriba.

¡Qué bien! ¡Más mascotas para Rafa!

Reflexionar y responder

1 ¿Qué es la mascota de Rafa?

2 ¿Qué hace la mascota de Rafa?

3 ¿Está sorprendido Rafa? ¿Cómo lo sabes?

4 ¿Por qué va a tener muchas mascotas ahora?

5 ¿Te gustaría tener mascotas como las que tiene Rafa? ¿Por qué?

Conoce a la autora
Alma Flor Ada

A Alma Flor Ada siempre le ha gustado escribir sobre la naturaleza. Cuando era niña se pasaba horas junto al río observando a los pequeños animales. Ahora vive junto a un lago y todavía le gusta mucho observar la naturaleza. A ella le gustaría mucho que tú también observes con atención la naturaleza.

Conoce al ilustrador
Brian Karas

Brian Karas vive cerca de muchas granjas. Cuando dibujaba las mascotas de Rafa, pensó mucho en las gallinas y pollitos que ve a diario.

Brian Karas ha ilustrado más de 60 libros. Sus dos hijos siempre le dan ideas para sus ilustraciones. A ellos también les gusta dibujar y pintar, ¡igual que a su padre!

Así crece un pollito

En el huevo.   A la hora.

A los tres días.   A los ocho días.   A las dos semanas.

A las cuatro semanas.   A las ocho semanas.

Hacer conexiones

Las nuevas mascotas de Rafa

Inventa un nuevo cuento sobre los pollitos de Rafa. ¿Cómo se llama la gallina? ¿Cuántos pollitos hay? ¿Cómo se llaman?

CONEXIÓN con la Escritura

¿Cuántas patas tiene?

¿Cuántas patas tiene una gallina? ¿Cuántas patas tiene un cerdo? Haz una lista con los animales de la granja. Luego escribe los animales en un cuadro como éste.

Animales de la granja	
2 patas	4 patas
gallina	chivo

Canción de la granja

Piensen en los animales favoritos de la clase. Elijan uno o dos y traten de inventar una canción entre todos.

Escenario

El **escenario** de un cuento es el lugar en donde transcurre la acción. Este dibujo muestra el escenario de "La mascota de Rafa".

¿Cuál es el escenario?
¿Cómo lo sabes?

Preparación para la prueba
Escenario

> ## ¿Dónde estás?
>
> Hay muchas latas.
> Hay muchas bolsas.
> Venden comida.

¿Cuál es el escenario?

- ○ un lago
- ○ un hormiguero
- ○ una tienda de comida

Sugerencia

Lee las respuestas con cuidado antes de elegir una.

El poder de las palabras

Palabras para
recordar

dijo

muy

usar

Ella **dijo** que va a **usar** unas botas **muy** altas.

Género

Fantasía

Un cuento de fantasía es un relato fantástico.

Busca

- personajes de animales que hablen y actúen como personas.

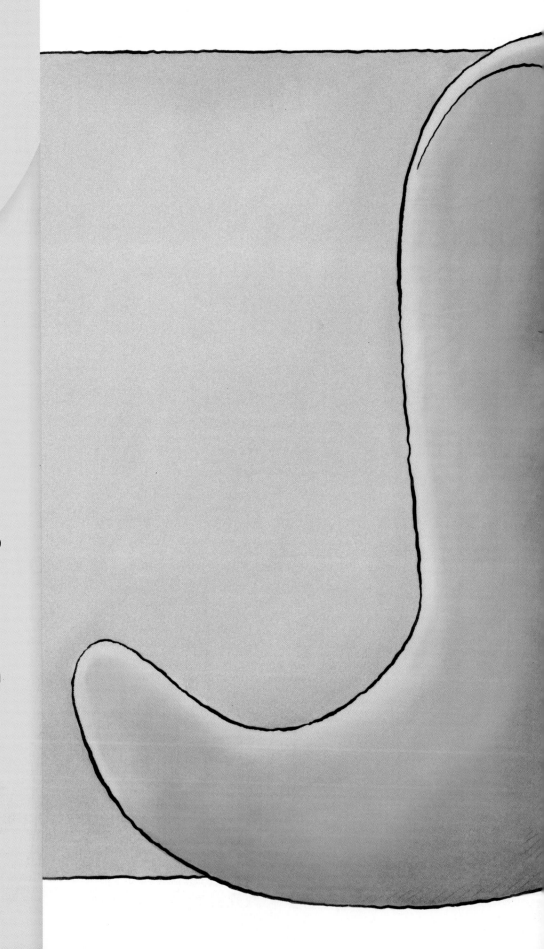

Unas botas para Verónica

por Lisa Campbell Ernst

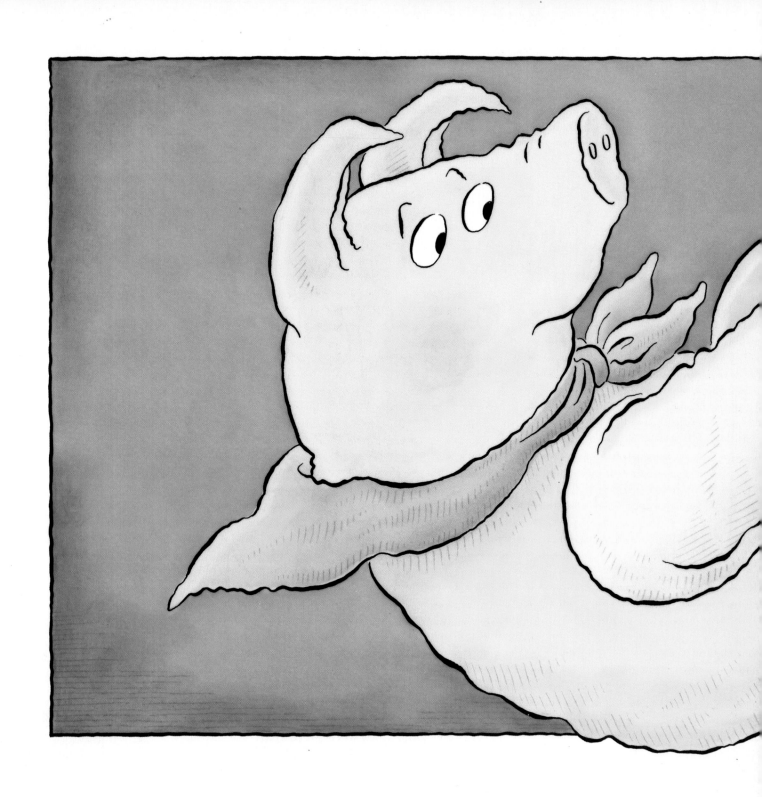

Verónica estaba disgustada.

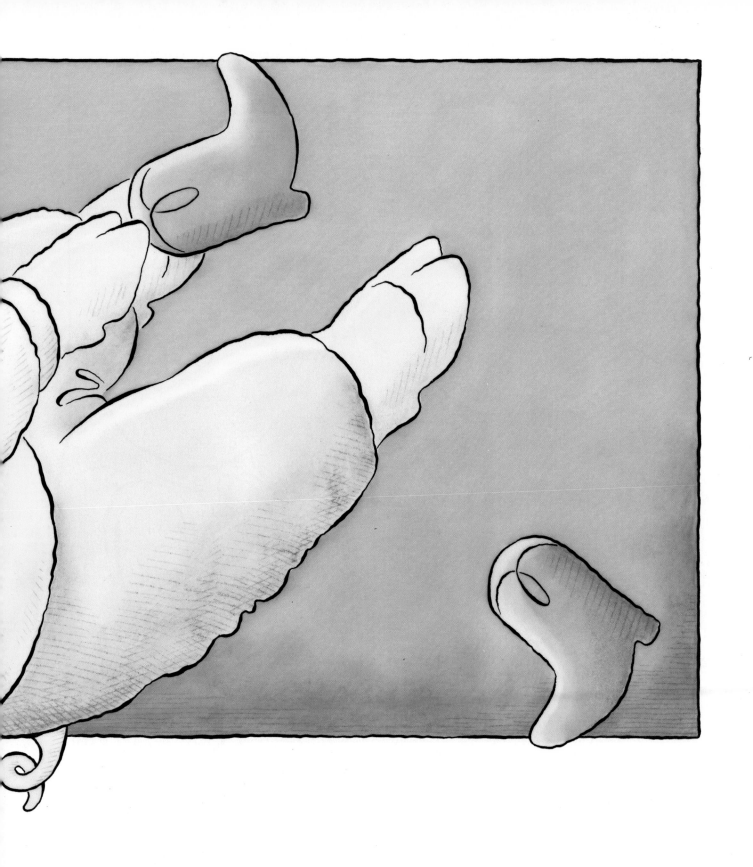

—No me cabe la bota —suspiró—.
¡Mis botas favoritas!

—Usa mis botas. Verás qué
cómodas —dijo Dalila.

—¡Muy grandes! —dijo Verónica.

—Puedes usar mis botas —dijo el tímido Dimas.

—¡Diminutas! —suspiró Verónica.

—Toma mis botas rosas —dijo Eva.

—¡Muy graciosas! —dijo Verónica.

—Para ti —dijo Vito—. Las lavé y todo.

—No sé... —dudó Verónica.

—Ésta te irá bien —dijo Dani.

—Muy estrecha —se disculpó
Verónica.

Verónica estaba muy apenada;
sus amigos también.

¡Un regalo para ti, Verónica!
¡Adivina qué es!

—¡Unas botas coloradas!
—dijo Verónica.

—¡Sube, Verónica! —dijo
Dalila—. Ahora todos tenemos botas.

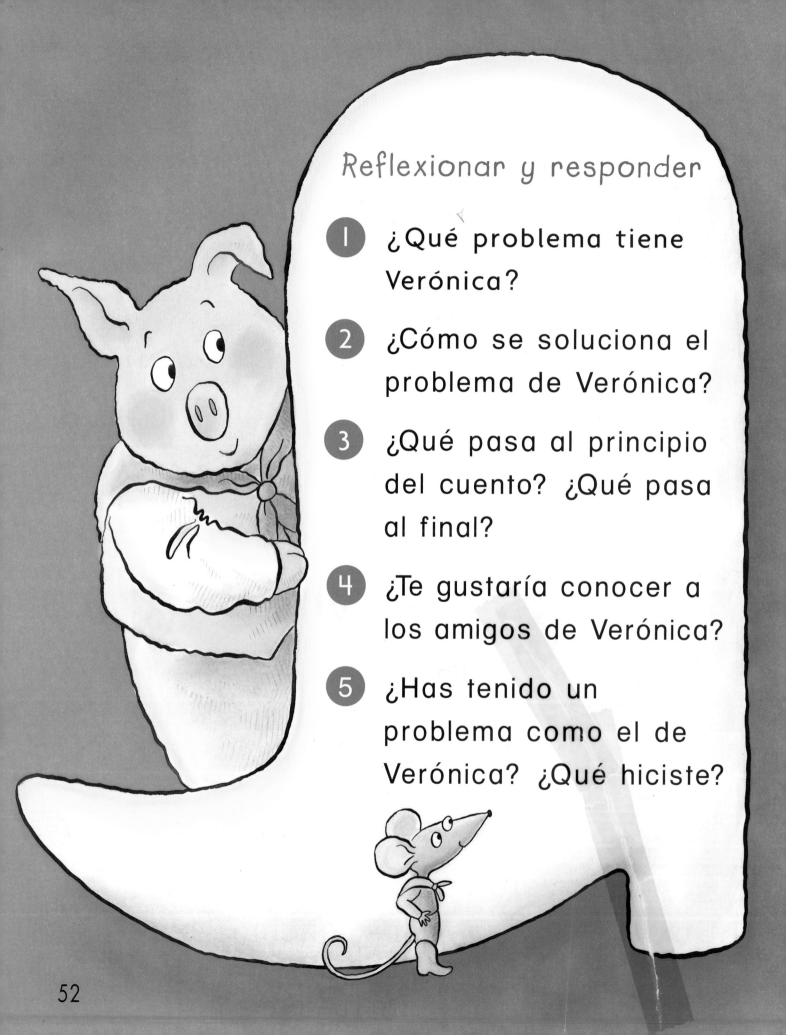

Reflexionar y responder

1. ¿Qué problema tiene Verónica?

2. ¿Cómo se soluciona el problema de Verónica?

3. ¿Qué pasa al principio del cuento? ¿Qué pasa al final?

4. ¿Te gustaría conocer a los amigos de Verónica?

5. ¿Has tenido un problema como el de Verónica? ¿Qué hiciste?

Conoce a la autora e ilustradora

Lisa Campbell Ernst

A Lisa Campbell Ernst se le ocurrió escribir "Unas botas para Verónica" mientras les compraba zapatos a sus dos hijos. "Es muy triste cuando un par de zapatos ya no nos queda bien", dice Lisa. "Entonces hay que buscar otros. Algunos son muy grandes, otros son muy chicos o muy duros. Hasta que al fin, ¡los encuentras!"

Lisa Campbell Ernst

53

Hacer conexiones

Notas de agradecimiento

Después de recibir un regalo, siempre se envía una nota de agradecimiento. Imagínate que eres Verónica y quieres escribir una nota de agradecimiento a tus amigos. Muestra tu nota a la clase.

De: Verónica

A: mis amigos

¡Gracias!

Zapa Tito

Túrnense con algunos compañeros para pararse sobre un trozo de papel y marcar el contorno de sus pies. Luego recorten las siluetas, escriban sus nombres y ordénenlas de menor a mayor.

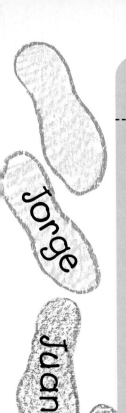

Botas internacionales

Observa fotos de gente que viva en lugares donde hace mucho frío. ¿Qué tipo de botas o zapatos usan? Haz un dibujo del par que más te guste.

Sílabas *da, de, di, do, du* y *va, ve, vi, vo, vu*

Fonética

En este cuento has visto muchas palabras que contienen las sílabas *da, de, di, do* y *du.* También has visto palabras con las sílabas *va, ve, vi, vo* y *vu. Verónica* es una de esas palabras. Éstas son algunas más:

duda	dijo	Vito	Eva

Escribe *dijo* y *Vito* en una tarjeta.

Usa tu Armapalabras para inventar más palabras con estas letras.

Preparación para la prueba

Sílabas *da, de, di, do, du* y *va, ve, vi, vo, vu*

1. ¿Cuál dibujo comienza con el sonido de *va, ve, vi, vo* o *vu*?

 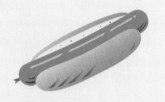 

2. ¿Cuál dibujo comienza con el sonido de *da, de, di, do* o *du*?

Sugerencia

Observa cada ilustración y piensa en la palabra correcta.

El poder de las palabras

Palabras para recordar

duerme

cuando

por

hay

El perro **duerme** **cuando** tiene sueño. **Por** ahora mira y corre. ¿Qué **hay** aquí?

Fantasía

Un cuento de fantasía es un relato fantástico.

Busca

- **personajes que tengan súper poderes.**

- **sucesos sorprendentes.**

Súper

Perro

por Robert Cooker
ilustrado por Julia Gorton

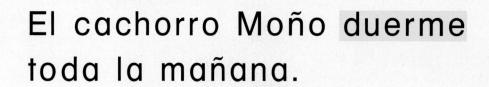

El cachorro Moño duerme
toda la mañana.

De noche, cuando se pone su capa, Moño es...¡Súper Perro!

Súper Perro no se achica por nada.
¡Súper Perro al rescate!

Moño ve un autobús.
¡Está en apuros!

¡Súper Perro al rescate!

En el autobús hay mucha gente.
Aquí llega Súper Perro.

—¡Ayuda, Súper Perro!
—chilló uno—. El autobús
se dañó.

—Échame la soga —dijo
Súper Perro.

—Aquí tienes —dijo el chico.

—Sacaré el autobús del barro —dijo Súper Perro.

¡Ánimo, Súper Perro! ¡Este
autobús pesa mucho!

¡Viva Súper Perro!

¡Súper Perro al rescate!

De noche Súper Perro ayuda
a niños y niñas.

74

Cuando sale el sol, Moño
satisfecho se va a su casa.

¿Y si lo de anoche fue un sueño?

Reflexionar y responder

1. ¿Qué hace Moño todo el día?
2. ¿Qué hace Moño de noche?
3. ¿Qué hace Súper Perro en este cuento?
4. ¿Qué harías tú si estuvieras en el autobús?
5. ¿Por qué crees que Moño se llama Súper Perro?

Conoce a la ilustradora

Julia Gorton

A Moño, el Súper Perro, le gusta ayudar a la gente, y a Julia Gorton también. Ella participa en su comunidad para que sea un lugar mejor. Está tratando de que se construya un parque especial, para que los niños puedan jugar en un lugar seguro. En estos dibujos Moño es un perro fuerte y simpático. Para pintar los colores de este cuento, Julia Gorton usó una técnica especial. Sus dibujos son muy precisos y divertidos. ¿Y tú qué opinas?

julia gorton

Hacer conexiones

Ayuda en la vida real

Moño ayuda a la gente del autobús. Si un autobús llega a tener problemas cerca de tu casa, ¿cómo crees que recibiría ayuda? Explica tus ideas.

CONEXIÓN con Estudios sociales

Más ayuda de Súper Perro

Escribe de qué otras maneras Súper Perro podría ayudar a la gente. Haz un dibujo.

CONEXIÓN con la Escritura

¡Ayuda!

Perros y más perros

Aprende algo nuevo sobre los perros. Dibuja y escribe sobre lo que aprendiste.

CONEXIÓN con la Ciencia

Sílabas cha, che, chi, cho, chu y ña, ñe, ñi, ño, ñu

Fonética

En este cuento has visto muchas palabras que contienen las sílabas *cha, che, chi, cho* y *chu.* También has visto palabras con las sílabas *ña, ñe, ñi, ño* y *ñu. Cachorro* y *mañana* son algunas de esas palabras. Éstas son algunas más:

mucho   dañó   chicos   sueño

Escribe *Moño* y *noche* en una tarjeta.

Moño   noche

Usa tu Armapalabras para inventar más palabras con estas letras.

Preparación para la prueba

Sílabas *cha, che, chi, cho, chu* y *ña, ñe, ñi, ño, ñu*

1. ¿Cuál dibujo tiene el sonido de *ña, ñe, ñi, ño* o *ñu*?

2. ¿Cuál dibujo tiene el sonido de *cha, che, chi, cho* o *chu*?

Sugerencia

Observa cada ilustración y piensa en la palabra correcta.

El poder de las palabras

Palabras para recordar

agua

cría

vez

siempre

La rana se **cría** en el **agua**.
Cada **vez** que miro, salta.
La rana **siempre** es así.

Las

No ficción

Un cuento de no ficción relata cosas que son reales.

Busca

- **fotografías de animales.**

- **mucha información.**

ranas

por Alex Vern

Las ranas salen de huevos pequeños.

Las ranas ponen huevos
en el agua.
Estos puntos parecidos
a semillas son huevos
de rana.

89

La cría que nace
del huevo se llama
renacuajo.

Nacen muchos renacuajos a la vez.
Nadan veloces para que los peces no
se los coman.

Al principio, el renacuajo
tiene el cuerpo grande y la
cola larga.

Está todo el día
comiendo. Siempre
tiene hambre.

93

Poco a poco se van formando
las patas traseras. Con ellas
puede moverse y nadar mejor.

También desarrolla pequeñas patas delanteras. ¡Parece una rana con cola!

Por último desaparece la cola.

Sin cola las ranas pueden dar grandes saltos.

Las ranas pueden comer
muchos insectos porque son
muy rápidas.

Las ranas

1. Huevo

2. Renacuajo

3. Rana

Reflexionar y responder

1. ¿Qué aprendiste sobre las ranas?

2. ¿Cómo se llama la rana cuando sale del huevo?

3. ¿Cuáles son los tres cambios que le ocurren a un renacuajo?

4. ¿Qué te sorprendió de cómo crecen las ranas?

5. ¿Qué más te gustaría aprender sobre las ranas?

Conoce al fotógrafo
Gary Meszaros

Gary Meszaros se dedica a fotografiar la naturaleza. Pasa mucho tiempo al aire libre. Le gusta tomar fotos de pájaros y peces. Hay días en que está horas en el agua, en ríos y lagos. Allí atrapa renacuajos, insectos y peces para

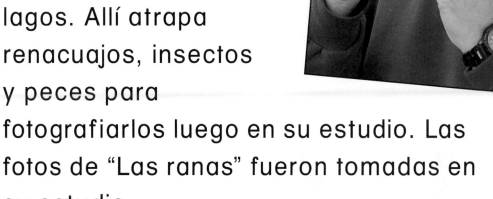

fotografiarlos luego en su estudio. Las fotos de "Las ranas" fueron tomadas en su estudio.

Renacuajos

por Kristine O'Connell George
ilustrado por Jui Ishida

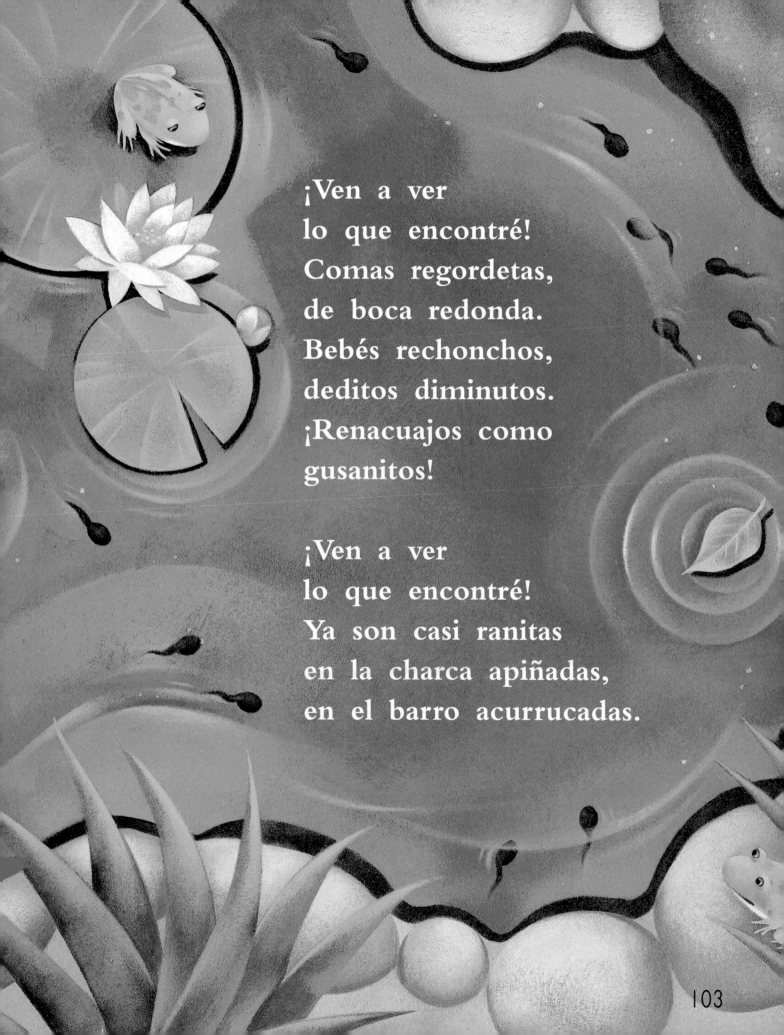

¡Ven a ver
lo que encontré!
Comas regordetas,
de boca redonda.
Bebés rechonchos,
deditos diminutos.
¡Renacuajos como
gusanitos!

¡Ven a ver
lo que encontré!
Ya son casi ranitas
en la charca apiñadas,
en el barro acurrucadas.

Hacer conexiones

¿Sapo o rana?

Investiga cuál es la diferencia entre los sapos y las ranas. Explica a la clase cuáles son esas diferencias. Hagan una tabla entre todos con las diferencias.

CONEXIÓN con Ciencia y Tecnología

Los sapos y las ranas son diferentes.

ranas	sapos
viven en el agua	viven en la tierra
piel suave	piel áspera

Mural de un estanque

Haz un mural de un estanque donde vivan varias ranas. Dibuja varias atrapando insectos y saltando.

CONEXIÓN
con el Arte

El renacuajo

La vida de un renacuajo está llena de eventos interesantes. Inventa un cuento sobre un renacuajo.

CONEXIÓN
con la
Escritura

Detalles

A medida que lees, trata de recordar los **detalles** más importantes. Esto te ayudará a comprender el cuento o artículo.

Lee el siguiente párrafo. Presta atención a los detalles importantes.

El renacuajo tiene cola. Nada en el estanque. Come plantas todo el día y crece muy rápido.

¿Qué hace el renacuajo para poder crecer?

- Nada en el estanque.
- Mueve la cola.
- Come plantas.

Preparación para la prueba

Detalles

La rana

La rana está al sol sobre una roca.

La rana tiene calor.

La rana salta al agua.

¿Qué hizo la rana cuando tuvo calor?

○ La rana se quedó dormida.

○ La rana saltó al agua.

○ La rana se quedó en una roca.

Sugerencia

¿Qué parte te dice qué hizo la rana cuando tuvo calor?

El poder de las palabras

**Palabras
para
recordar**

hoy

haz

gracias

quién

¡Qué bien! **Hoy** es el día.
¿**Quién** ganará?
—**Haz** como siempre —dice
mamá—. Tú ganarás.
—**Gracias**, mamá.

Género

Ficción realista

Un cuento de ficción realista es un relato que pudo haber ocurrido pero que en realidad no sucedió.

Busca

- personajes que se parezcan a personas que conoces.

- actividades en las que han participado tú o personas que conoces.

¡Haz un esfuerzo!

por Robert McKissack

ilustrado por Joe Cepeda

Día del deporte

—Hoy es el día del deporte —dijo el
señor Regino.

—¡Qué bien! —dijo Ana.

—Oh, no —dijo Gema—.
Jamás podré hacerlo bien.

—Haz un esfuerzo, Gema —dijo
el señor Regino.

—Gema, te toca a ti —dijo el
señor Regino.

—Oh, no —dijo Gema.

—¡Qué jugada! —dijo José—. Así
seguro que ganamos.

—¡Bien, Gema! —dijo el señor
Regino—. Gracias a ti mejoró el
resultado.

—Vamos, Gema —dijo el señor
Regino—. Sube la soga.

—Oh, no —dijo Gema.

—¡Bien, Gema! —dijo el
señor Regino—. Ahora
jugaremos a las carreras.

—Nos falta uno en el equipo —dijo
Ana—. ¿A quién escogemos?

—¿Al señor Regino? —dijo José.

—No, no —dijo el señor Regino—.
Yo no soy muy ágil.

—Un esfuerzo, señor —dijo Gema.

—¡Sí! —dijo el señor Regino—.
Esta vez me toca a mí.

Justo cuando pasaba saltó una
rana. ¡Qué rápido iba el señor
Regino!

—¡Corra, señor! —lo animaba José.

—¡Corra, señor! —chillaba Gema.

—¡Qué bien corrimos! —dijo el
señor Regino.

—Sí —dijo Gema—. ¡Y la rana
también!

Reflexionar y responder

1. ¿Por qué Gema no quiere participar en el día del deporte?

2. ¿Qué aprenden Gema y el señor Regino ese día?

3. ¿Por qué el señor Regino corrió tan rápido?

4. ¿En cuál de los deportes te gustaría participar?

5. ¿Te gustó el final del cuento? ¿Por qué?

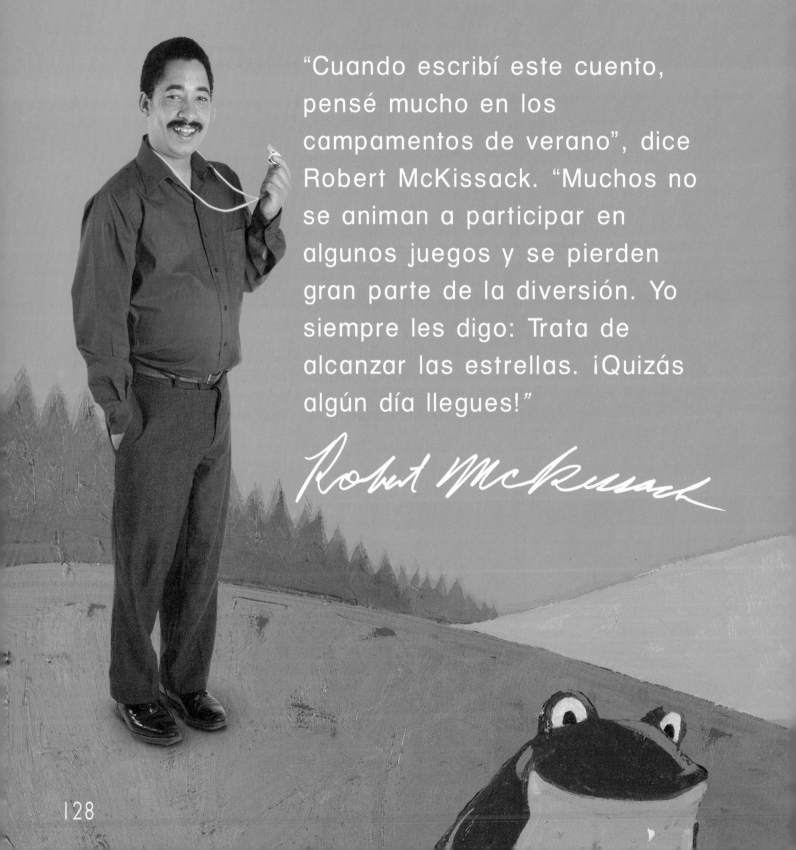

Conoce al autor

Robert McKissack

"Cuando escribí este cuento, pensé mucho en los campamentos de verano", dice Robert McKissack. "Muchos no se animan a participar en algunos juegos y se pierden gran parte de la diversión. Yo siempre les digo: Trata de alcanzar las estrellas. ¡Quizás algún día llegues!"

Robert McKissack

Conoce al ilustrador
Joe Cepeda

A Joe Cepeda le encanta imaginarse
dibujos en su mente. Él dice que al
ver a su hijo jugando con otros niños
le da ideas para sus dibujos. "A mí
me gusta pensar en mi trabajo como
una celebración de color, formas y
gente", dice el Sr. Cepeda. ¡Él
espera que te diviertas al leer
este cuento!

Visita *The Learning Site*
www.harcourtschool.com

129

Hacer conexiones

Un buen deportista

Los deportes son muy divertidos cuando todos participan de manera justa. Explica cómo se comporta tu equipo en un partido.

CONEXIÓN con Estudios sociales

El marcador

Dibuja el marcador de un partido. Escribe un problema de matemáticas. Intercambia tu problema con un compañero.

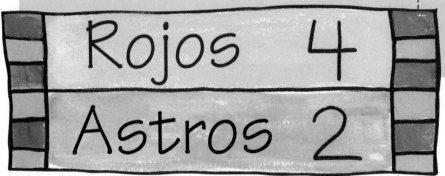

Estrella deportiva

Elige un deportista que admires. Haz un dibujo y escribe sobre esta persona. Reúnan el trabajo de toda la clase en un libro especial.

Personajes

Destreza de enfoque

Los **personajes** de un cuento son las personas que realizan la acción principal. Éstos son los personajes de "¡Haz un esfuerzo!"

Gema

señor Regino

Ana

José

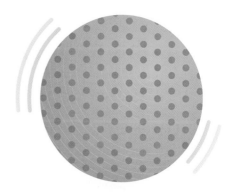

¿Cuáles son los personajes más importantes del cuento? ¿Por qué?

132

Personajes

Dani batea muy bien.

—Corre, Dani —dice Tere.
Dani va a ganar.
Tere salta contenta.

1. **¿Quiénes son los personajes del cuento?**

○ Dani

○ Dani y Tere

○ Dani y Juan

Sugerencia

Lee todas las oraciones antes de responder. No leas solamente el título y la última oración.

El poder de las palabras

Palabras para recordar

crees

otros

cuántos

aire

entre

¿**Crees** que hay **otros** peces con estos colores? ¿**Cuántos** colores ves? ¿Has visto un pez en el **aire**? Muchos peces viven **entre** las rocas.

Género

No ficción

Un tema de no ficción
da información y
datos.

Busca

- fotografías que
ayuden a explicar.

- información que sea
fácil de encontrar.

Peces divertidos

por Jane Ward
fotografías de
Norbert Wu

Ponte unas aletas.
Ponte unas gafas.

Vamos a nadar.
Bajo el mar.
¿Qué crees que
vas a ver?

¡Muchísimos peces!

¿Cómo nadan los peces?

Usan las aletas y la cola
para nadar.
Los peces agitan la cola sin parar.

¿Qué comen los peces?

Algunos peces comen plantas.

Muchos peces grandes comen peces chicos.

¿Cómo escapan los peces chicos de los grandes?

Unos peces se esconden en la arena.
Otros peces se ocultan **entre** las plantas.

El pez roca se esconde en las rocas.
¿Cuántos peces ves?

Algunos peces son muy divertidos.
Este pez se llama pez payaso.

Otros peces parecen enojados.
Este pez tiene dientes grandes.

Este pez es chico, pero se llena de aire para asustar a los peces grandes.

¡Puf! ¡Puf! ¡Puf! ¡Parece un gigante!

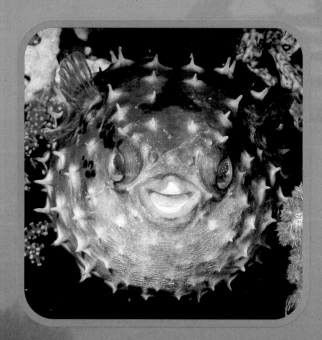

Algunos peces son amigos. Este pez largo se come los pedacitos de comida que están en la piel de su gran amigo.

Este pez ayuda posando
para una foto.
¡Muchas gracias!

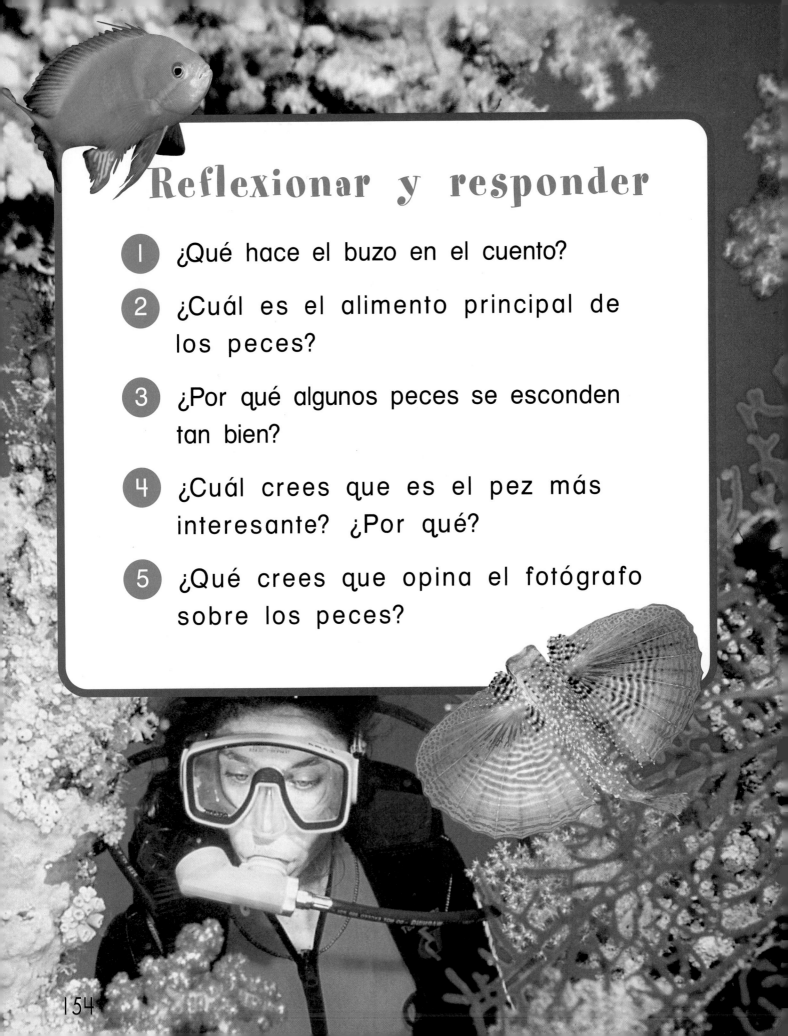

Reflexionar y responder

1. ¿Qué hace el buzo en el cuento?

2. ¿Cuál es el alimento principal de los peces?

3. ¿Por qué algunos peces se esconden tan bien?

4. ¿Cuál crees que es el pez más interesante? ¿Por qué?

5. ¿Qué crees que opina el fotógrafo sobre los peces?

Conoce al fotógrafo

Norbert Wu

Norbert Wu saca fotografías en las aguas frías de la Antártida y en las aguas templadas que rodean a los arrecifes de coral. ¿Dónde crees que él estaba cuando sacó las fotos para "Peces divertidos"?

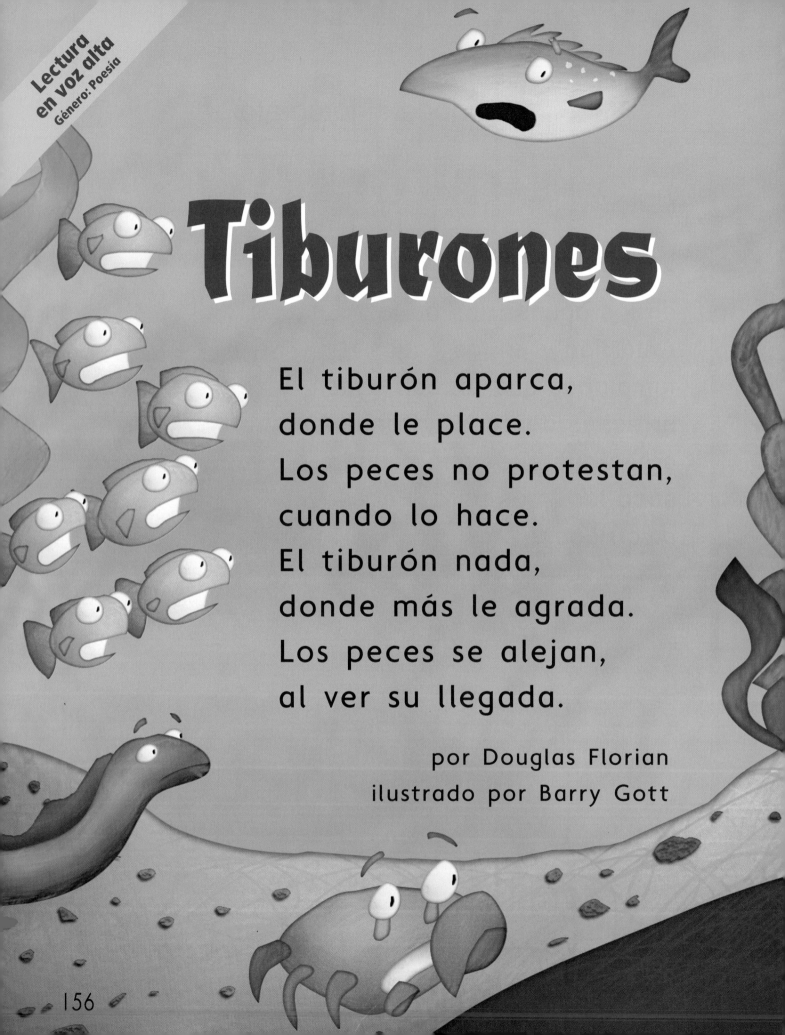

Tiburones

El tiburón aparca,
donde le place.
Los peces no protestan,
cuando lo hace.
El tiburón nada,
donde más le agrada.
Los peces se alejan,
al ver su llegada.

por Douglas Florian
ilustrado por Barry Gott

Hacer conexiones

Más peces

Elige uno de los peces del cuento. Dibújalo y escribe algo interesante sobre ese pez.

CONEXIÓN con la Escritura

El pez y los pececitos rojos nadan juntos.

El pez globo vio un tiburón. Al verlo inflado, el tiburón se asustó.

¡Qué increíble!

Busca en un libro sobre peces uno que te guste mucho. Escribe algún dato interesante sobre ese pez. Coméntalo a la clase.

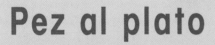

Pez al plato

El pescado es una comida muy saludable. ¿Qué comerías con un plato de pescado? Haz un dibujo.

Detalles

Cuando lees un artículo como "Peces divertidos", debes recordar los **detalles** más importantes.

¿Con qué nadan los peces? Elige la respuesta correcta.

- **una máscara**
- **los dientes**
- **la cola y las aletas**

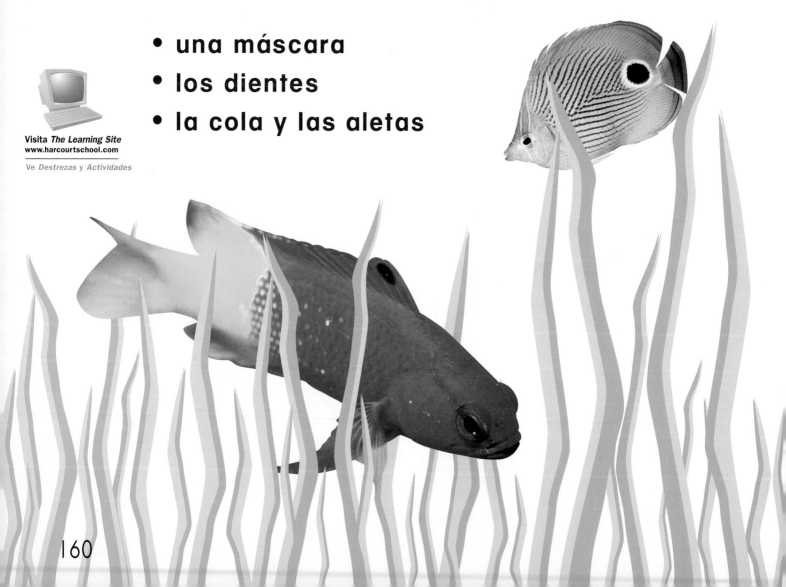

Preparación para la prueba

Detalles

Más sobre los peces

Los peces no tienen cuello. La mayoría tiene dientes. Casi todos tienen cola y aletas.

1. ¿Qué es lo que no tienen los peces?

   ○ cuello

   ○ dientes

   ○ cola

Sugerencia

Lee todas las oraciones. Luego lee la pregunta con atención antes de responder.

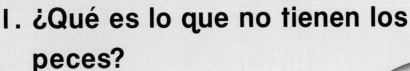

Palabras para escribir

Personas

bebé

niño

doctora

niña

cartero

hombre

policía

maestro

mujer

Colores

negro

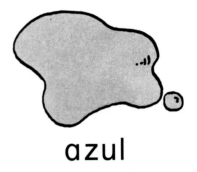

azul

marrón

verde

naranja

morado

rojo

amarillo

Palabras para escribir

Lugares

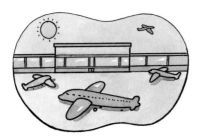

aeropuerto

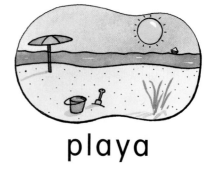

playa

ciudad

granja

biblioteca

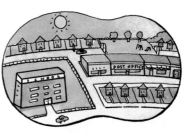

vecindario

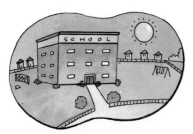

escuela

tienda

Animales

pájaro   gato   vaca

perro   pez

caballo   oso   rana

conejo   serpiente

Glosario

¿Qué es un glosario?

El glosario te puede ayudar a leer una palabra.
Puedes buscar la palabra y leerla en una oración.
Todas las palabras tienen ilustraciones para ayudarte a entenderla.

súper   El camión va **súper** rápido.

autobús En el **autobús** hay mucha gente.

crees ¿**Crees** que puedo saltar?

167

cuántos   ¡**Cuántos** amigos tengo!

deporte   Nadar es un buen **deporte.**

duerme   La gente **duerme** de noche.

equipo   Mario juega en el **equipo** de fútbol.

estrecha   La línea roja es más **estrecha** que la violeta.

graciosas   El perrito hace cosas **graciosas.**

grandes   Las manos de mamá son **grandes.**

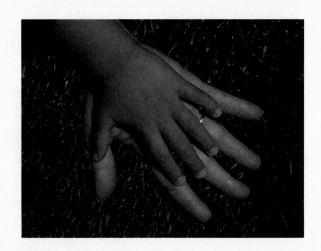

hambre   Lucas tiene **hambre.**

huevos   La gallina empolla seis **huevos.**

muy La caja es **muy** pesada.

payaso Ese hombre parece un **payaso.**

pez   El **pez** sabe nadar.

quién   ¿**Quién** está ahí?

súper   El camión va **súper** rápido.

usar   Le gusta **usar** la máscara del conejo.

Acknowledgments

For permission to translate/reprint copyrighted material, grateful acknowledgment is made to the following sources:

Clarion Books/Houghton Mifflin Company: "Polliwogs" from *The Great Frog Race and Other Poems* by Kristine O'Connell George. Text copyright © 1997 by Kristine O'Connell George.

Dorling Kindersley Limited, London: "See how I grew" (Retitled: "How a Chick Grows") from *See How They Grow: Chick.* Copyright © 1991 by Dorling Kindersley Limited, London.

Harcourt, Inc.: "The Sharks" from *In The Swim* by Douglas Florian. Text copyright © 1997 by Douglas Florian.

Photo Credits

Key: (t)=top; (b)=bottom; (c)=center; (l)=left; (r)=right
Page 24, Dale Higgins; 25, Black Star; 53, Vedros Photography; 128, Black Star; 129, Peter Stone / Black Star; 134-135, Norbert Wu; 136, 137, 138(background), Norbert Wu; 152, Norbert Wu; 160, Norbert Wu.

Illustration Credits

S. Saelig Gallagher, Cover Art; Larry Reinhart, 4-7; Brian Karas, 10-25; Marina Thompson, 28-29; Liz Callen, 31; Lisa Campbell Ernst, 34-53; Taia Morley, 54, 83; Steve Björkman, 55-56, 80-81; Steve Haskamp, 57; Julia Gorton, 60-79; Jui Ishida, 102-103; Stacy Peterson, 104-104; Alissa Imre Geis, 105; Jo Lynn Alcorn, 107; Joe Cepeda 110-129; C.D. Hullinger, 130-131; Christine Mau, 131; Nancy Davis, 132-133; Barry Gott, 156-157; Eldon Doty, 158-159, 161.

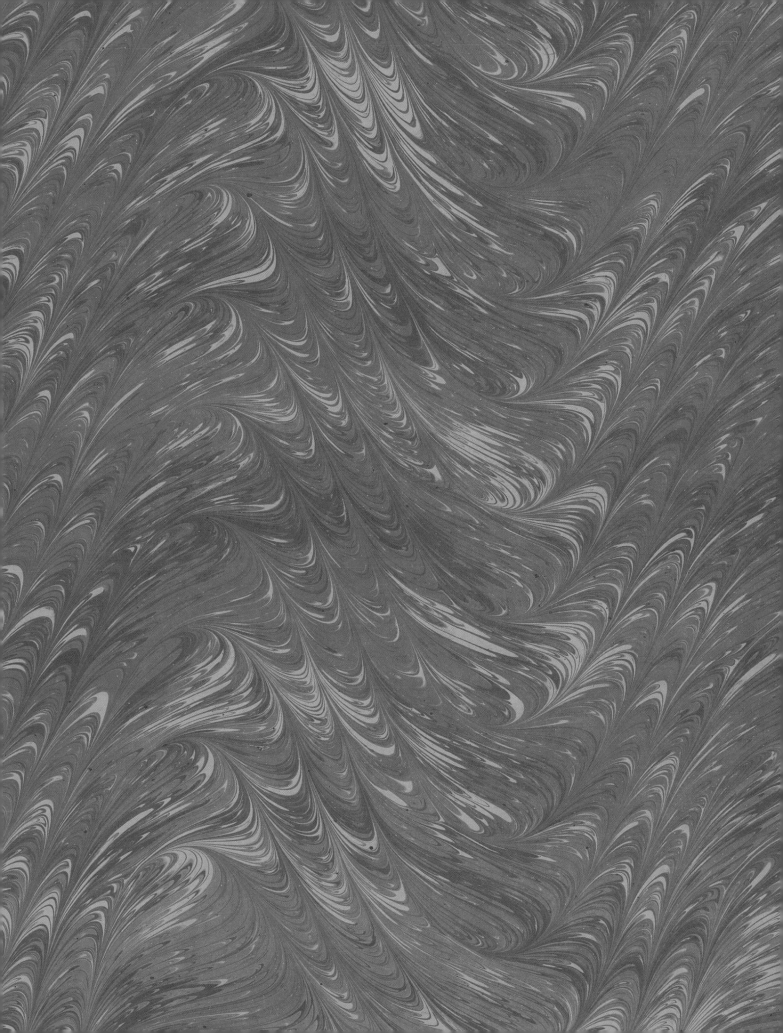

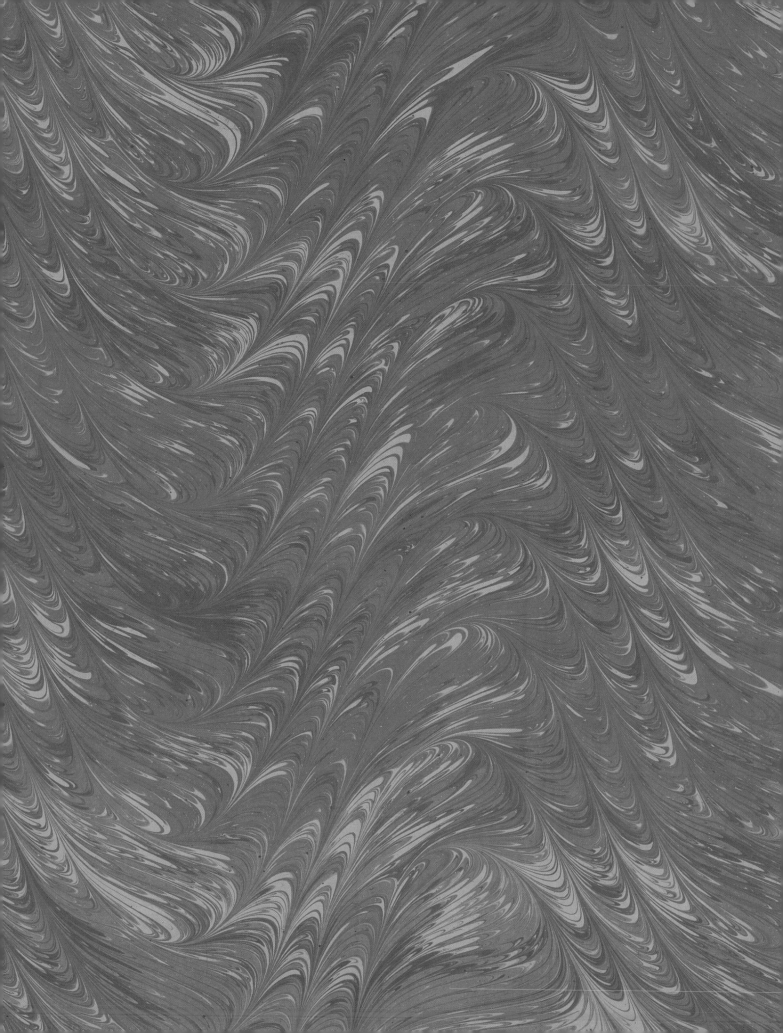